Michael

Über dieses Buch »...bleibe auf deinem Posten und hilf durch deinen Zuruf: und wenn man dir die Kehle zudrückt, bleibe auf deinem Posten und hilf durch dein Schweigen.« Dieses Wort des Römers Seneca, das der DDR-Lyriker Reiner Kunze seinem Gedichtband *Zimmerlautstärke* als Motto vorangestellt hat, ist auch der Ort dieser Gedichte, der Ort zwischen Zuruf und Schweigen.
Dem Bergarbeitersohn, der zu den bedeutendsten Dichtern seiner Generation gehört, war in seiner Heimat, der DDR, zu der er sich immer wieder, wenn auch kritisch, bekennt, das Schweigen auf seine Zurufe gründlich verordnet worden. Bereits 1969 hatte der Gedichtband *Sensible Wege* ein Strafverfahren gegen ihn ausgelöst, und nach dem Erscheinen seiner Prosatexte *Die wunderbaren Jahre* (S. Fischer Verlag 1976) wurde er aus dem Schriftstellerverband der DDR ausgeschlossen. Freilich, die von den DDR-Kulturpolitikern geforderten »volksverbundenen«, »realistischen«, »aktiv parteilichen Gedichte« – das sind die Gedichte Reiner Kunzes nicht, wie die von Peter Huchel und die von Wolf Biermann nicht. Es sind subtile, sprachlich aufs äußerste reduzierte Gedichte, manchmal nur wenige Zeilen, aphoristische Notizen, Monologe mit der Tochter, Selbstgespräche über den Schrecken der Unfreiheit, der Isolation, des Unverstanden- und Ungehörtseins in der Gesellschaft.
»Reiner Kunzes Texte sind nicht nur bedeutende Meldungen aus der Literatur der Deutschen Demokratischen Republik; es sind Beispiele von Zeitgenössischem, das über seine Daten hinausweist. Kunst des verbindlich redenden, des geprüften und prüfenden Menschen.« *(Neue Zürcher Zeitung)*

Der Autor Reiner Kunze wurde am 16. August 1933 in Oelsnitz/Erzgebirge als Sohn eines Bergarbeiters geboren. Er studierte Philosophie und Journalistik an der Universität Leipzig, war dort bis 1959 wissenschaftlicher Assistent mit Lehrauftrag; nach seiner Entlassung aus dem Universitätsdienst Hilfsschlosser. 1977 Übersiedlung in die Bundesrepublik Deutschland. Reiner Kunze ist Mitglied des PEN, der Bayerischen Akademie der Schönen Künste, der Akademie der Künste, Berlin, und der Deutschen Akademie für Sprache und Dichtung. – 1968 Übersetzerpreis des Tschechoslowakischen Schriftstellerverbandes; 1971 Deutscher Jugendbuchpreis; 1973 Literaturpreis der Bayerischen Akademie der Schönen Künste und Mölle-Literaturpreis, Schweden; 1977 Georg-Trakl-Preis, Österreich, Andreas-Gryphius-Preis und Georg-Büchner-Preis; 1979 Bayer. Filmpreis (Drehbuch); 1981 Geschwister-Scholl-Preis; 1984 Eichendorff-Literaturpreis. – 1988/89 Gastdozenturen für Poetik an den Universitäten München und Würzburg.
Fischer Taschenbücher von Reiner Kunze: ›Der Löwe Leopold‹ (Bd. 1534), ›Die wunderbaren Jahre‹ (Bd. 2074), ›Der Film *Die wunderbaren Jahre*. Lesefassung des Drehbuchs‹ (Bd. 7053), ›auf eigene hoffnung‹. gedichte (Bd. 5230) und ›Deckname *Lyrik*. Eine Dokumentation‹ (Bd. 10854).

reiner kunze

zimmerlautstärke

gedichte

Fischer
Taschenbuch
Verlag

99.–100. Tausend: Juni 1991

Ungekürzte Ausgabe
Veröffentlicht im Fischer Taschenbuch Verlag GmbH,
Frankfurt am Main, Februar 1977

Lizenzausgabe mit freundlicher Genehmigung des
S. Fischer Verlages GmbH, Frankfurt am Main

Umschlagentwurf: Jan Buchholz/Reni Hinsch
Druck und Bindung: Clausen & Bosse, Leck
Printed in Germany
ISBN 3-596-21934-5

inhalt

... bleibe auf deinem Posten und hilf durch deinen Zuruf; und wenn man dir die Kehle zudrückt, bleibe auf deinem Posten und hilf durch dein Schweigen.

Seneca

monologe mit der tochter

MEDITIEREN

Was das sei, tochter?

Gegen morgen
noch am schreibtisch sitzen, am hosenbein
einen nachtfalter der
schläft

Und keiner weiß vom anderen

NACH DER GESCHICHTSSTUNDE

Die damals, der
Tamerlan war der
grausam: zehntausende seiner gefangenen ließ er
binden an pfähle, mit mörtel und lehm
übergießen lebendig
vermauern

Tochter, die teilweise ausgrabung
jüngster fundamente
wird bereits
bereut

GEGENWART

Was ich verwahre hinter schloß und siegel?

Keine konspiration nicht einmal
pornografie

Vergangenheit, tochter

Sie zu kennen kann
die zukunft kosten

ERSTER BRIEF DER TAMARA A.

Geschrieben habe dir
Tamara A., vierzehn jahre alt, bald
mitglied des Komsomol

In ihrer stadt, schreibe sie, stehen
vier denkmäler: Lenin
Tschapajew
Kirow
Kuibyschew

Schade, daß sie nichts erzähle
von sich

Sie erzählt
von sich, tochter

APPELL

1
D., schüler der siebenten klasse, hatte
versehen mit brille und dichtem haupthaar
das bildnis Lenins

Öffentlich

So
in gefährliche nähe geraten
der feinde der arbeiterklasse, der imperialisten ihr
handlanger fast, mußte er stehn
in der mitte des schulhofs

Strafe:
          tadel, eingetragen in den schülerbogen der
ihn begleiten werde
sein leben lang

2
Du fragst warum
sein leben lang

Lenin kann ihm nicht mehr helfen, tochter

DRILL

kere – bitten
kerekere – betteln
(wörter der fidschiinsulaner)

Die sprache der fidschi, heißt es, zeugt
von niederer kultur:
sie beruht
auf dem prinzip der wiederholung

Daher, tochter:
marschmarsch!

SONNTAG

1
Zwanzig zentimeter überm knie

In strümpfen die
blühen über den schenkeln in
strümpfen gezeichnet wie die schlange in
unsichtbaren strümpfen in
strümpfen geknüpft wie
strickleitern

2
Die luft der trottoire
vibriert vom geläut
der kurzen glocken

JUGEND IN DEN PFARRGARTEN

Christus fährt nicht gen himmel
im rauch der rostbratwürste die
der pfarrer brät (der rauch aber zeigt
den weg)

SIEBZEHNJÄHRIG

Wir sind jung
die welt ist offen
(lesebuchlied)

Horizont aus schlagbäumen

Verboten
der grenzübertritt am bildschirm ein bild
von der welt sich zu machen es lebe
das weltbild

Bis ans ende der jugend

Und dann?

NACH EINER UNVOLLENDETEN MATHEMATIKARBEIT

Alles
durchdringe die mathematik, sagt
der lehrer: medizin
                  psychologie
                  sprachen

Er vergißt
meine träume

In ihnen rechne ich unablässig
das unberechenbare

Und ich schrecke auf wenn es klingelt
wie du

SELBSTMORD

Die letzte aller türen

Doch nie hat man
an alle schon geklopft

wie die dinge aus ton

Ohne das Gefühl der Zugehörigkeit zu den Bedrohten wäre ich ein sich selbst aufgebender Flüchtling vor der Wirklichkeit.

Jean Améry

AUCH EIN WINTERGEDICHT

Kernbeißer, seltener fenstergast

Treibt dich der frost her?
Vielleicht sogar aus dem böhmischen?

Beißen die freunde den kern?

Wir dachten, sie könnten den frühling
erfliegen

Aber der frühling muß
kommen

Wir müssen den kern beißen

Der winter wird hart sein und lang

HISTORISCHE NOTWENDIGKEIT

Fünf wahrheiten
rehabilitiert

Das ansehen von
fünfhundert lügen
katastrophal

Also
panzer

WIE DIE DINGE AUS TON

> Aber ich klebe meine hälften zusammen wie ein zerschlagener topf aus ton.
> (Jan Skácel, brief vom februar 1970)

1
Wir wollten sein wie die dinge aus ton

Dasein für jene,
die morgens um fünf ihren kaffee trinken
in der küche

Zu den einfachen tischen gehören

Wir wollten sein wie die dinge aus ton, gemacht
aus erde vom acker

Auch, daß niemand mit uns töten kann

Wir wollten sein wie die dinge aus ton

Inmitten
soviel
rollenden
stahls

2
Wir werden sein wie die scherben
der dinge aus ton: nie mehr
ein ganzes, vielleicht
ein aufleuchten
im wind

DER WEG ZU EUCH

> Es ist so leicht, den weg zu uns zu finden. (Jan Skácel)

Es war so leicht den weg zu euch zu finden

Aus wolken und wäldern die
aus den nähten platzten fanden sie ihn
noch nachts

Über kimme und korn
kürzten sie ab, die tore standen
angelweit, verwunderung
bis an die schwellen

In der finsternis, die sie
vor sich herschoben,
verirrten sie sich

Sie richteten sich ein
auf den brücken

Und statt der achsen hörte man
im schlaf die menschen stöhnen

Nun ist es schwer den weg zu euch zu finden

ANGELN AN DER GRENZE

Bis auf den flußgrund stacheldraht den nur
der fisch durchschwimmt

Der blick durchforstet das gebüsch bevor wir
sprechen

Wovon?

Ähnlich klingen auf tschechisch die wörter
fisch und *fehler*

FELDWEG BEI KUNŠTÁT

Mittags, die kornblumen standen
wie preußen im feld, verbarg sich
die wegwarte

Was war ihr die
im schatten einer wolke kränkelt ergraut im glas
über nacht (wie ein sensibler
in der zelle)

Gegen abend
schlug der hagel zu

RUSSLANDREISE 1968

Der mond eine
gebogene nadel eine
chirurgische nähnadel in
halbvernähter wunde

Irgendwo
hinter wäldern auf entfernung
türen

Irgendwo
hinter den wörtern Ruhmreich und Grandios

Ihre namen sind
bekannt

Der mond eine
chirurgische nähnadel steckengeblieben als man
den chirurgen abrief

Uns voraus
blaulicht: rechts
ran, hier
kommen dichter die fahren

vorüber

Der mond eine
chirurgische nähnadel in entzündetem eine
nadel die wandert

REDE AUF RUSSLAND
(für Alexander Solschenizyn)

Mütterchen Rußland, in den achselhöhlen
wälder mit elchen und wölfen

Dich preisend
holen deine braven söhne mit den armen aus
fast bis zum himmel

Als seien ihre worte
hufnägel, die es einzuschlagen gilt
mit bloßer faust

Als beschlügen sie ihr gewissen
mit eiserner überzeugung

Verlegen lassen sie die arme
sinken und lächeln, frage ich
nach ihren brüdern nahe deinem
herzen

8. OKTOBER 1970
(verleihung des Nobelpreises an
Alexander Solschenizyn)

Ein tag durchsichtig bis
Rjasan

Nicht verbannbar nach Sibirien

Die zensur kann ihn
nicht streichen

(In der ecke glänzt
das gesprungene böhmische glas)

Ein tag der die finsternis
lichtet

Der ans mögliche erinnert:

Immer wieder einen morgen
auf sein gewissen nehmen

zimmerlautstärke

FAST EIN FRÜHLINGSGEDICHT

Vögel, postillione, wenn
ihr anhebt kommt der brief
mit dem blauen siegel, der dessen briefmarken
aufblühn dessen text
heißt:

Nichts
währt
ewig

ZIMMERLAUTSTÄRKE

Dann die
zwölf jahre
durfte ich nicht publizieren sagt
der mann im radio

Ich denke an X
und beginne zu zählen

WOLF BIERMANN SINGT

Im zimmer kreischt die straßenbahn,
sie kreischt von Biermanns platte,
der, als er die chansons aufnahm,
kein studio hatte

Er singt von Barlachs großer not,
die faßt uns alle an,
denn jeder kennt doch das verbot
und hört die straßenbahn

AUF EINEN VERTRETER DER MACHT
ODER
GESPRÄCH ÜBER DAS GEDICHTESCHREIBEN

Sie vergessen, sagte er, wir haben
den längeren arm

Dabei ging es
um den kopf

PFARRHAUS
(für pfarrer W.)

Wer da bedrängt ist findet
mauern, ein
dach und

muß nicht beten

NOCTURNE

Schlaf du kommst nicht

Auch du
hast angst

In meinen gedanken erblickst du
den traum deinen
mörder

FAHRSCHÜLER FÜR LASTKRAFTWAGEN

Ich spiele es das
dreipedalige klavier ihn den
dreitonnenflügel sie die
sechsregistrige orgel (jeder
ein solist an der kreuzung der's kann, noch
lächelt der dirigent)

Ich spiele, leicht
blaß (nicht
leichenblaß frau, noch
verreckt nur der motor)

Der doch der
sich nicht findet in simplem vierviertelaktakt kann
unter die räder geraten
mit seinen gedanken

Ein requiem üb ich für sie und
werde gelobt für
richtiges einordnen

UMSTEIGEN IN S.

Am bus
die eltern

Wir wollten dich nur sehn

Die augen der mutter
randvoll mit vorwürfen gegen
den vater der
schweigt

Das leben leer
und tote strecken unter tage

Geblieben
der alkohol und
der sohn der

weiterfährt

DAS KLEINE AUTO

1. Von der notwendigkeit ein auto zu kaufen

Seufzer gibt's die
absplittern von der seele

So
seufzte die mutter

Fremd wie die welt eines tiefseefischs
ist das bücherschreiben des sohnes

Auf einer radiowelle
kommt sein name geschwommen

Doch:
Was bringt das ein

Andre söhne holen ihre eltern ab
im auto

2. Die drei bedingungen

Sieben jahre warten
Sieben jahre den schatz mehren
Sieben jahre befürchten müssen, die eltern

könnten es nicht mehr erleben

3. Die ausfahrt

Einmal durch Thum wo ich
in stellung war

Ja, wir sehen: dort ist der bäcker dort
holte die mutter, bevor die herrschaft erwachte,
die brötchen

Und der königssohn der auf und davon fährt
mit dem dienstmädchen, kam
nie

Was blieb übrig als einen sohn
zu gebären

Und zu hoffen daß er alle
bedingungen erfüllt

FEIERTAG

Die redner reden
das rot von den fahnen

Die erleuchteten fenstersimse der schule
unterstreichen bis in die nacht

NACH EINER LENINEHRUNG

Selbst wenn sein wille es gewesen wäre
so
geehrt zu werden, ihm geschähe
unrecht

GRENZKONTROLLE
(für L. und D. in Frankfurt)

In euren pässen standen
die absender eurer briefe

Zwischen front- und heckscheibe des wagens
im blickfeld des wachturms:

mikroben unterm mikroskop

erreger mensch

RÜCKKEHR AUS DER VERSAMMLUNGSSTADT

Den wald hinter sich schließen, die tür
voller gesang

Aus ihrer schwarzen füllung bricht bei nacht
das wild

Im ohr das rauschen der fichten: das tonband das
im kopf schrillt, wird

gelöscht

TAGEBUCHBLATT 69

Kottenheide wo du
abträumst wo morgens die gedanken
befruchtet sind

Wo du sie reifen läßt

Wenn der regen
nicht hängen bleibt in den wäldern wenn's
nicht taubeneier schloßt
im juni

Wenn die axt
nicht anliegt ehe der baum
aussät

SKULPTUR IN DER KIRCHE VON L.

Das
weib

Nackt

Ausgetrieben

Also wenigstens
einen schlüssel
um den hals:

Eva

DIE KUNSTBEFLISSENEN HÄHNE VON LEININGEN
(für Heinz Piontek)

Fiele dem einen
das *a* ein, würde er krähen
b - a - c - h

Man schätzt ihn
als meister der variation

(*Reger* ist hier nur
ein komparativ)

Der andre kräht vollendet ein motiv
aus Smetanas slawischen tänzen

Ich lausche, beschämt von den hennen

Im spiegel des geöffneten fensters
picken sie vom schreibtisch mir

das wurmige

DER SOMMER GEHT WEG

Die distel schmeichelt mit weichem fell

Die mohnblume wirft ihr kleid ab
wie eine schwangere

Die kamille franst aus
an den knöpfen

Die wegwarte schließt sich
und ergraut

IN MEMORIAM JOHANNES BOBROWSKI

Sein foto
an den anschlagsäulen

Jetzt

Der nachlaß ist
gesichtet, der dichter
beruhigend tot

GEBILDETE NATION

Peter Huchel verließ die
Deutsche Demokratische Republik
(nachricht aus Frankreich)

Er ging

Die zeitungen meldeten
keinen verlust

AUCH EINE HOFFNUNG

Ein grab in der erde

Hoffnung aufzuerstehen
in einem halm

(Grabplatte keine

Nicht noch im tod
scheitern an stein)

zuflucht noch hinter der zuflucht

Man muß Heimat haben, um sie nicht nötig zu haben, so wie man im Denken das Feld formaler Logik besitzen muß, um darüber hinauszuschreiten in fruchtbarere Gebiete des Geistes.

Jean Améry

AUF DICH IM BLAUEN MANTEL
(für Elisabeth)

Von neuem lese ich von vorn
die häuserzeile suche

dich das blaue komma das
sinn gibt

ZUFLUCHT NOCH HINTER DER ZUFLUCHT
(für Peter Huchel)

Hier tritt ungebeten nur der wind durchs tor

Hier
ruft nur gott an

Unzählige leitungen läßt er legen
vom himmel zur erde

Vom dach des leeren kuhstalls
aufs dach des leeren schafstalls
schrillt aus hölzerner rinne
der regenstrahl

Was machst du, fragt gott

Herr, sag ich, es
regnet, was
soll man tun

Und seine antwort wächst
grün durch alle fenster

nachbemerkung

1

»Aber erst eine seelische Instanz, die sich auch des Gewissens in kritischer Weise vergewissern kann, schafft so etwas wie eine seelisch organisierte Kultureignung, das heißt, es entsteht erst hier die Fähigkeit, in erregenden, verwirrenden Lebenslagen, im Zusammenbruch der äußeren Gewalten und der Vorurteilssysteme, die unser Gewissen lenken, den Verstand und das mitmenschliche Gefühl zu bewahren. Wer einige solcher verwirrender Zusammenbrüche gesellschaftlicher Wertorientierung erlebt hat, konnte erfahren, daß es nicht leicht ist, Anweisungen des Kollektivs zu widerstehen, die bald Strafdrohungen sind, bald primitive Triebbefriedigungen enthemmen. Hier in kritischer Distanz zu bleiben setzt Kaltblütigkeit, also einen hohen Grad stabiler Ich-Organisation voraus; noch schwerer ist es, die durch Kritik gewonnenen Einsichten dann auch als Richtlinien des Verhaltens beizubehalten.«

Alexander und Margarete Mitscherlich

Das gedicht als stabilisator, als orientierungspunkt eines ichs. Das gedicht als akt der gewinnung von freiheitsgraden nach innen und außen.

2

»Man hat Durst nicht nach Ehre, aber nach Menschen, aber nach Menschen, die nicht im persönlichen Leben mit uns verstrickt sind. Man hebt das Schweigen, das öffentliche, auf (oft, wie gesagt, über alle Scham hinaus) im Bedürfnis nach Kommunikation. Man gibt sich preis, um einen Anfang zu machen. Man bekennt: Hier stehe ich und weiß nicht weiter. Und all dies ungefragt! Kein Schriftsteller, so glaube ich, schreibt für die Sterne, so wenig wie für das Publikum, sondern er schreibt für sich selbst in bezug auf Menschen, die möglicherweise noch nicht geboren sind.«

Max Frisch

Das gedicht als äußerster punkt möglichen entgegengehens des dichters, als der punkt, in dem auf seiner seite die innere entfernung auf ein nichts zusammenschrumpft. Das gedicht als bemühung, die erde um die winzigkeit dieser annäherung bewohnbarer zu machen.

3

»Kunst ist eine der wenigen Möglichkeiten, Leben zu haben und Leben zu halten, für den, der sie macht und für den, der sie empfängt. So wenig wie Geburt und Tod und alles, was dazwischen liegt, Routine werden können, so wenig kann es die Kunst. Freilich gibt es Menschen, die ihr Leben routiniert leben; nur: sie leben nicht mehr. Es gibt Künstler, Meister, die zu bloßen Routiniers geworden sind, aber sie haben – ohne es sich und den anderen einzugestehen – aufgehört, Künstler zu sein. Man hört nicht dadurch, daß man etwas Schlechtes macht, auf, ein Künstler zu sein, sondern in dem Augenblick, in dem man anfängt, alle Risiken zu scheuen.«

Heinrich Böll

Gedichte sind mißbrauchbar. Wie die macht.

anmerkungen

Kottenheide, abgelegener ortsteil im Vogtland
Kunštát, kleinstadt auf dem böhmisch-mährischen höhenzug
Leiningen, dorf im Vogtland
Rjasan, stadt in der Sowjetunion, wohnort Solschenizyns
Skácel, Jan, tschechischer dichter (geb. 1922)

Lyrik

Nisametdin Achmetow
Die Straße der Freiheit
Gedichte. Band 9277

Ilse Aichinger
verschenkter Rat
Gedichte. Band 5126

Rose Ausländer
Blinder Sommer
Gedichte. Band 5199
Ich spiele noch
Band 10421
Ich zähl die Sterne / meiner Worte
Gedichte 1983
Band 5906
Im Atemhaus wohnen
Band 2189
Mutterland / Einverständnis
Gedichte. Band 5775
Der Traum hat offene Augen
Unveröffentlichte Gedichte 1965–1978
Band 9172

Wolfgang Bächler
Ausbrechen
Gedichte aus 20 Jahren
Band 5127
Die Erde bebt noch
Frühe Gedichte 1942 bis 1957
Band 9174
Nachtleben
Gedichte. Band 5872

Hans Bender (Hg.)
In diesem Lande leben wir
Deutsche Gedichte der Gegenwart
Band 5006
Was sind das für Zeiten
Deutschsprachige Gedichte der 80er Jahre
Band 9553

Jürgen Born (Hg.)
Wenn der Abend kommt
Gedichte und Lieder aus vier Jahrhunderten
Band 9228

Joseph Brodsky
Gedichte
Band 9232

Charles Bukowski / Carl Weissner
Terpentin on the rocks
Die besten Gedichte aus der amerikanischen Alternativpresse 1966–1977. Band 5123

Paul Celan
Die Niemandsrose / Sprachgitter
Gedichte. Band 2223

Das deutsche Gedicht
Vom Mittelalter bis zum 20. Jahrhundert
Band 155

Hilde Domin
Hier
Gedichte
Band 10600

Doppelinterpretationen
Hilde Domin (Hg.)
Das zeitgenössische Gedicht. Band 1060

Fischer Taschenbuch Verlag

fi 145/9a

Lyrik

Odysseas Elytis
To Axion Esti – Gepriesen sei
Gedichte und Prosa. Band 5029

Erich Fried
Anfechtungen
Gedichte
Band 10343
Befreiung von der Flucht
Gedichte und Gegengedichte. Band 5864
Frühe Gedichte
Band 9511
Reich der Steine
Zyklische Gedichte
Band 5959
Warngedichte
Band 2225
Die Freiheit den Mund aufzumachen
Achtundvierzig Gedichte
Band 10344

Walter Helmut Fritz
Mit einer Feder aus den Flügeln des Ikarus
Ausgewählte Gedichte
Band 9266

Yvan und Claire Goll
Traumkraut / Die Antirose
Gedichte. Band 9590

Jana Halamičková (Hg.)
Die Kinder dieser Welt
Gedichte aus zwei Jahrhunderten
Band 10039

Peter Hamm
Der Balken
Gedichte
Band 5314
Die verschwindende Welt
Gedichte
Band 9173

Klaus Hensel
Oktober, Lichtspiel
Gedichte. Band 9509

Stephan Hermlin
Gesammelte Gedichte
Band 5125

Peter Huchel
Chausseen, Chausseen
Gedichte. Band 5120

Marie Luise Kaschnitz
Überallnie
Ausgewählte Gedichte 1928–1965
Band 5820

Michael Krüger
Aus der Ebene
Gedichte. Band 5865
Diderots Katze
Gedichte. Band 2256
Die Dronte
Gedichte. Band 9222

Fischer Taschenbuch Verlag

fi 145 / 12 b

Lyrik

Günter Kunert
Berlin beizeiten
Gedichte
Band 9567
Verlangen nach Bomarzo
Reisegedichte
Band 5018

Reiner Kunze
auf eigene hoffnung
Gedichte
Band 5230
zimmerlautstärke
Gedichte
Band 1934

Peter Maiwald
Balladen von Samstag auf Sonntag
Band 10676

Ossip Mandelstam
Gedichte
Band 5312
Mitternacht in Moskau
Die Moskauer Hefte
Gedichte 1930–1934
Band 9184

Christoph Meckel
Säure
Gedichte. Band 5122
Souterrain
Gedichte. Band 5146
Wildnisse
Band 5819

Selma Meerbaum-Eisinger
Ich bin in Sehnsucht eingehüllt
Band 5394

Boris Pasternak
Wenn es aufklart
Gedichte 1956–1959
Band 9566

Felix Pollak
Vom Nutzen des Zweifels
Gedichte
Band 9263

David Rokeah
Nicht Tag nicht Nacht
Ausgewählte Gedichte
Band 5958

Jan Skácel
wundklee
gedichte
Band 10129

Gerhard Tänzer
Schönes Blumenfeld
Kleine erotische Versschule
Band 9221

Guntram Vesper
Die Illusion des Unglücks
Gedichte
Band 5128
Die Inseln im Landmeer
und neue Gedichte
Band 5821
Frohburg
Neue Gedichte
Band 5905

Paul Zech
Vom schwarzen Revier zur neuen Welt
Gesammelte Gedichte
Band 9226

Fischer Taschenbuch Verlag

fi 145/11c